UN PENSAMIENTO EQUIVOCADO
EDICIÓN EXTENDIDA

UN PENSAMIENTO EQUIVOCADO EDICIÓN EXTENDIDA

un libro de poesía sobre salud mental

JAELYN JORDAN

Djs legacy incorporated

CONTENTS

Dedico este libro a todas las inspiraciones de mi vida y a mi dolor y mis tragedias. Doy toda la alabanza a Dios mismo por mi regalo. Estoy agradecido de que mi madre haya compartido un regalo similar. conmigo y con ella por creer en mi trabajo tanto como yo hacer... Estoy nada menos que agradecido y, aunque, a veces olviden, también estoy agradecido por todos los que han sido de bendición en mi vida. A mis amigos y familiares, los amo.

Cambios

Me estoy cambiando, ¿qué puedo decir? Espero un día más brillante, Libre de hablar, libre de ser yo, Estoy esperando un cambio en un mundo lleno de dolor y dolor, Vidas siendo asesinado por quien sus padres eligieron poner, Haber nacido de un hermoso color solo para ser marginado, solo unos pocos puede relacionarse. Rezo por un cambio que nos rescate a todos de ser consumidos por nuestra Pecados y pecados ajenos, esperando el tiempo para cambiar, para liberarme. Esperando un mundo que pueda amarme por mí Mírate en el espejo te lo ruego, ¡mira en el pasado! Tiene ¿visto? ¿Qué he visto? Mira en el futuro, ¿qué puedes ver? Porque sin cambio no queda nada de ti y de mí abierto vuestros corazones, abrid vuestras mentes Deja que nuestro amor florezca a través del tiempo y el espacio.

Monstruos Dentro

La oscuridad me domina, la negatividad me reclama, mi corazón y mi alma. grita para ser liberado, Capturado por estos monstruos que uno no puede ver, rezo a tu Cielos, uno puede rescatarme. Voces en mi cabeza me vuelven loco, Estos monstruos de dentro son los culpables. Estos monstruos, Estas voces se están volviendo difíciles de soportar y quieren que robe, que matar, corromper las almas humanas, cómo estos monstruos, estos demonios llegaron en mí no lo sé, pero a menos que pueda revocarlos, una vida humana debe ir.

Mi Amor

Amor mío, he intentado con todas mis fuerzas captar una forma comparable a la tuya, Deseo a las estrellas en la noche, que tú y yo envejezcamos juntos, que podríamos ver a nuestros bisnietos en nuestro dorado días... Rezo para que conmigo siempre seas feliz ya que soy tuyo para siempre.

Rezo

Rezo Rezo al cielo para que siempre seas mío, no pienses en mí como un diablo sino como un rey, un rey digno de tu amor. Veo que tu corazón es puro y tu mente es dorada, rezo para que tu amor Nunca te desvanezcas porque mi corazón no puede soportar otro dolor eterno.

Ojos en tu alma

Mi amor por ti siempre arde como fuego en la oscuridad, Mi corazón y los ojos quedan abrumados por tu belleza y tu alma. No puedo No te sientas perdido en este mundo. Saber que ya no me amas me mata. No puedes Mira, soy yo el destinado a estar contigo o ¿ves? a través de mí como un vaso de cristal simplemente porque tienes ¿No tienes idea de lo que siento por ti? No puedo soportar verte con otro hombre; No puedo soportar verlos a los dos galopando lirios mientras estoy aquí, observando desde el margen. Un tonto cobarde debo ser. Si tan sólo pudieras imaginarme como más que solo un amigo, solo si...

Reflexión

Miro lo que pensé que era mi reflejo, Pero ahora sé que no lo es. Se mueve igual, suena igual, Incluso se parece a mí Entonces uno no puede evitar preguntarse: ¿Es esto un milagro que me ha sido enviado? O una maldición que me recuerda que nunca podría estar libre de 1 ¿Quién se parece a mí? ¿Puedo vivir una vida pareciéndose a otra? ¿Estar siempre confundido como el otro? ¿Cuándo puedo ser libre de decir si esta persona como yo es un ¿bendición o maldición?

Aguas

Mientras el océano comienza a rugir bajo tu luna y tus arenas Comienza a lavarte en tus aguas infinitas. Deja que mi amor por ti sea sacado de tu lugar de descanso final, Siempre vagando por estos mares infinitos porque nunca amaré Otra doncella otra vez.

Emociones

Mis emociones están revueltas por dentro, perdí un regalo Intenté confiar. Buscando en los cielos y en las profundidades del mar, buscando un regalo que podría liberarme. Perdí mi don de empatía, oh, ¿qué pudo haber pasado? ¿a mi? Ya no puedo sentir lo que sienten los demás. Ya no puedo sentir tus emociones. También perdí mi don de la vista, ya no puedo decirlo. tal cuento. Tu destino no lo puedo prever, hay algo místico cegándome. Sin mis regalos del destino, no soy nada, por el amor de Dios. ¿Podría haber perdido mis regalos por culpa del odio? ¿O simplemente me los robaron? Perdí mi camino y olvidé el error de mis caminos, trae de vuelta para mí aquellos días antiguos. Invoco el poder de la empatía y la vista, traigo de vuelta a Dame lo que se perdió esa noche, devuélveme lo que es. verdaderamente mío.

Belleza interior

La belleza dentro de tu alma interior es muy gratificante. Y A medida que mi amor por ti se vuelve más puro y sostenido Puedo decir que tu amor por mí se desvanece lentamente.

Para mi orgullo

Por ti mi orgullo es mayor que mi sentimiento No pienses que no te amo, Simplemente porque no has sabido nada de mí. Pero piensa que te amo demasiado, simplemente porque soy Tengo miedo de hablar contigo.

Un pasado extraño

Doy estos pasos más allá del camino que se ha hecho Pensando en todos los secretos que guardo todas las despedidas Que yo respaldo. Estoy roto para siempre, toma mi corazón roto como un Remembranza, Una ficha Del amor que una vez tuvimos pero que ya no existe para siempre. Puedes alegrarte de que Se acabó, porque ahora soy fuerte.

Detrás de estas puertas

Detrás de estas puertas, la muerte me llama Un susurro tan inocente que me canta. Me dice los pecados de los caídos. Cada noche tiene una nueva víctima. Y termina antes del amanecer.

Un día

Llegué a darme cuenta de que mi mente y mi alma ya no pueden soportar mirando hacia un mundo que no te tiene en él. Falta de palabras que llego a tener cuando pones un pie en frente de mí. Cuando te veo recostado en esas sillas quedándote dormido, Mi corazón se detiene y de alguna manera comienza a acelerarse a través del tiempo Esperando el día en que serás mía.

Ahogo

Ahogo mis penas, cierro mi corazón Personas distanciadas que realmente somos. Mis miedos del amor llenan el aire, dime ¿soy yo? ¿Se supone que debería importarle? El odio me anula La negatividad me reclama, Realmente no me importa si mi miedo al amor me avergüenza, porque el poder y la fama me consumen.

Características

Soy un chico franco y honesto, humilde y verdadero. Espero poder demostrarte que soy este tipo de hombre. Puedo ser persistente y un poco molesto a veces. Puedo ser muy apasionado y muy diverso. Pero Declarar mis características no nos ayudará a conversar Entonces pido una oportunidad, una fecha para ver Si nuestras vidas juntos estuvieran destinadas a ser ¿Me harías el honor de tener una cita conmigo?

Lo sé

Sé que me notas como yo te noto Sé que tienes el mismo deseo que yo tengo por ti, tú Mírame con ganas de decir tanto pero decir tan poco. ¿Por qué tengo tanto miedo de hablar contigo yo mismo? Tal vez sea la impresión que me causaste, las emociones Nos escondemos pero lo que sentimos el uno por el otro permanecerá oculto y enterrado. debajo, debajo de la superficie.

En caja

En caja Encerrados en Es difícil respirar Quita este amor de mí Soporto la vergüenza de amar a otro, ¿por qué debo reflexionar? ¿Cómo sería la vida sin mi amante? ¿Por qué debo preguntarme tales cosas? Después de todo, obtuve el deseo que pedí a las estrellas de arriba. Encontré mi único amor verdadero. Pero si es amor verdadero, ¿por qué debo llorar? ¿Por qué debo odiarme por amarte todas las noches?

Si supiera

Si supiera entonces lo que sé ahora, no cambiaría nada. Mi pasado me hizo quien soy hoy y decir que lo haría No me habría convertido en el hombre que soy hoy. Decir que lo cambiaría, No habría llegado a ser el mismo. Si supiera entonces lo que sé ahora, viajaría a mi pasado. y decirme a mí mismo que he creado un futuro mejor y más brillante para mí. Si supiera entonces lo que sé ahora, borraría mi dolor y tristeza de mi corazón y de mi mente. Si supiera entonces lo que sé ahora...

Yo adoro

Tus ojos brillan durante la noche, tu piel brilla como una luz fluorescente, y con tu sonrisa, he llegado a apreciarlo así... Estoy feliz de haber podido conocer... de haber conocido tu verdadero yo. porque adoro lo que eres capaz de hacer hacer a mi corazón.

Amor perdido

Estoy enamorado de alguien que tuve pero perdí. Mi ego se apoderó de mí, no debería haberlo empujado apagar Justo sobre el acantilado mi verdadero amor cayó hacia otro brazos de amante, ¿no podrías imaginar un infierno así? No he podido cambiar por el bien de mi amante, y es triste Decir que todos mis motivos para intentarlo no surtieron efecto. Estoy enamorado de alguien que tuve pero perdí. Intenté seguir adelante Intenté liberarme Pero El amor que crecí por ellos será para siempre. Estoy enamorado de alguien que tuve pero perdí.

Dolor

Intento con toda mi alma y todas mis fuerzas enmascarar mi dolor, Con cada respiro que tomo, con cada movimiento que parezco hacer Tengo ganas de romper a llorar, sólo para luego colocar culparme a mí mismo. Mi cordura, mi fuerza se cansa Mi corazón, mi mente está destrozada y arrastrada hacia el polvo... Con Dios de mi lado, trato de pelear una buena batalla. Pero parece que he perdido cuando te dejo hacerme sentir todo este lío.

Promesa de amor

No puedo prometerte el mundo O Incluso las estrellas de arriba pero prometo amarte con el más puro De amor.

Pensamientos suicidas

Contemplando pensamientos de suicidio, esta vida que tengo es no el mío, sofocante por dentro. siento demasiado y digo muy poco. Las palabras no pueden llegar lo suficientemente rápido como para expresar este lío. Oro para rescatar mis pensamientos del pecado. I Orar a Dios para que tome parte de mi propio dolor. Si esto es lo que La vida realmente lo es, no la quiero. Si la vida después de la muerte es realmente Pacífico, si trae serenidad entonces me encantará tenerlo. Era en angustia, en dolor, y cuando venía a pedir ayuda, no a uno parecía importarle; pero a la gente le suele importar cuando se siente como si fuera algo que ganar; de lo contrario tienden a pensar Tu dolor, tus tragedias son juegos tristes y patéticos. Pero entonces Cuando me haya ido, ¿qué harán todos ustedes? Siéntate aquí, llora y Afirma que podrías haber estado aquí para rescatarme si lo hubiera hecho. Sólo parecía decirte, advertirte, ¡ja! Si tan solo supieras. Te compadezco aunque cuando leas esto estaré desaparecido. Todavía eres tú por quien siento pena, por tu egoísmo causó este.

Búsqueda de la felicidad

La vida, la libertad y la búsqueda de la felicidad, negándose a creer que el banco de la felicidad está en quiebra Exigiendo las riquezas de la libertad y la seguridad de la justicia que nos merecemos. Señor, perdóname porque he estado corriendo, corriendo a ciegas, en La verdad necesita libertad para soltarme. He venido a romper estas cadenas yo solo, no dejaré que todos mi libertad se pudre en el infierno. Tratando de ahorrar suficiente fuerza para liberarnos. No seré encadenado ni encerrado contra mi voluntad. Es irónico que vivamos en un país que promete libertad. porque todos, excepto ninguno de nosotros, somos alguna vez realmente libres, ¿verdad? Ha llegado un nuevo amanecer, una nueva era está sobre nosotros. Una época en la que el gobierno sólo se sirve a sí mismo, atacar a los países que consideran aptos. Tomando lo que no es suyo. Para el consumo de energía, todavía se etiquetan generaciones. abajo, los que nos ahogamos no podemos ver en un país que dice ser por la tierra de los libres.

Casi un sueño perfecto

Sigo soñando con algo que nunca necesitaré El verdadero amor es lo que me mantiene despierto. El hambre de un toque es lo que me rompe el alma. Tal vez estoy soñando con algo que realmente no necesito Tal vez estoy soñando con algo que nunca será bueno para mí. Pero cada vez que cierro los ojos aparece un nuevo personaje, un nuevo llega la imagen Haciéndome querer y sentir algo que nunca hubiera sentido. llegar a imaginar en esta vida.

ya estaba muerto

Dios por testigo, mientras estoy sentado envuelto en mi toalla, llorando como todo en mi cabeza seguía diciendo sobredosis Era la forma más fácil e indolora de morir. Y mientras lloraba mirando en mi frasco, solo veía dos pastillas. izquierda, Me preguntaba si debía ir al gabinete y agarrar algo más, ¿me sentiría realmente muriendo? Y No importa qué, incluso una eternidad en el infierno vigilando mi alma. quemar de adentro hacia afuera era mejor que vivir una vida que yo no quería vivir. Por una fracción de segundo sin tomar nada, ya estaba muerto.

Depresión bipolar

La depresión bipolar es una putada... como ¡Joder! Lo único que yo puedo pensar y sentir es como me duele el corazón por el pérdida de tiempo y no haber logrado lo suficiente. Puedo contarle a la gente mis penas. Puedo mostrar a otros mi dolor y uno realmente podrían decir que entienden. puedo mostrarte mi Miedos más profundos pero pensarás que estoy loco y me dirás que no lo haga. Preocúpate, podría mostrarte mi verdadero yo y podrías encontrar tú mismo pudiendo decirme que me amas. Sin embargo, me siento tan jodidamente solitario; sentirse desafortunado y sin bendición de vivir la vida que vivo; Sintiendo que fui revivido y salvado para mirar otros viven los deseos de mi corazón, sintiendo que yo podría nunca llegues a ser verdaderamente feliz... la depresión bipolar es una perra. Deseando que hubiera un interruptor de encendido y apagado, Podría llegar a abrazar y ver la vida en su estado más puro, abrazando la belleza dentro de la vida misma, podría llegar a abrazar a las personas que me rodean y la alegría que traen a mi corazón. Joder, podría estar tan motivado y tan ambicioso como mis antepasados y yo podría amar como tú amas Yo, no preocupado por la pérdida de tiempo pero entusiasmado de ver el futuro Como joder... La depresión bipolar es una mierda...

Pensamiento equivocado

Perdí toda inspiración para escribir, perdí todas las emociones para sentir, más centrado en encontrar un final feliz para siempre. Me perdí pasando por relaciones como un nuevo mes catálogo de Los más vendidos, nunca tuve que preocuparme por cómo se sentían los demás. a mi alrededor, ¡sólo necesita preocuparse por mí! Consumido por la vanidad, entregué mi corazón a todos los elegibles. soltero que sentí que haría justicia estando a mi lado, luego sanar o mantener unido un corazón roto. Tantas lecciones de vida y almas perdidas pasaron a lo largo de este viaje mío que suelo haber dejado mi alma en el línea de salida y ahora que estoy cerca del final solo queda una cosa que he llegado a saber. Mi única musa ha sido mi dolor, mi única inspiración ha sido mi pena, y mi El talento dado por Dios no ha sido más que una simple dolor de cabeza y la incapacidad de mantener unido cualquier potencial relación. Ahora sé quién soy, ahora sé lo que soy destinado a ser, ya que todo lo que he llegado a saber ha sido nada menos que un pensamiento equivocado.

Algo en mi pasado

Algo en mi pasado Siempre me mantiene en marcha Para distinguir el bien del mal Y a quién llevar. Algo en mi pasado Me mantiene firme De la violencia que he visto A los recuerdos que sueño A las armas que disparo A los niños a quienes arraigo De mis ascendencias Donde había esclavos que se inclinaban A las Reinas y Reyes que portaron coronas. Algo en mi pasado no deja que mi corazón se repare Ser herido de nuevo Para compartir esa confianza que debe crecer Para hacerlo más fuerte que nunca ¿Cómo puede hacerme más débil? Pero amar sin venganza, ¿no es pecado? Para pedirle al Padre; ¿Traerás a alguien a mi vida. ¡Amar y apreciar hasta que la muerte nos separe! ¿No es eso un comienzo? ¿De un nuevo comienzo? Para demostrar que amas a ese hombre con toda tu alma. Y no solo la mitad Mira, comienza con mi pasado. Y ahora este es el comienzo Oh, es algo en mi pasado Eso no me deja amar a este hombre tan incondicionalmente. Y pregunto: "¿Por qué?" Algo en mi pasado no permitirá que esto dure Es más fácil correr y esconderse Pero ahora quiero quedarme y aprender. Amar a este hombre mío Y mantenerse hasta el fin de los tiempos. Te amo Tal vez, si esto debe ser Lo haremos Y si no, Podemos aprender a ser amigos.

Como me siento

He esperado por siempre y un día para decir lo que siento Para mostrarte lo real que es mi amor Siento que te he amado toda la vida Y no es suficiente para satisfacer tu orgullo. Nos quejamos y peleamos y me pregunto: ¿Porque te amo tanto? ¿Cómo es que no puedo dejarte ir? Bueno, estoy harto y merezco algo mejor. Y siento que tú también lo haces Entonces, dónde vamos desde aquí Seguirás tu camino Y yo iré al mío Y tal vez podamos ser amigos hasta el fin de los tiempos. Pero ha llegado el momento de decir adiós Con amor de mi parte Y amor de ti Tal vez podamos hacer lo que deberían haber hecho los adultos maduros. antes Y simplemente aprendan a dejarse ir el uno al otro. Porque apenas O no más tarde ¡Esto pronto llegará a su fin!

Un viaje

Estoy en este viaje de soledad Un viaje dentro de mí ¿Por qué soy tan malo? ¿O simplemente tengo un corazón tan frío? ¿Quién sabe? Este viaje en el que estoy es para encontrarme dentro de mí mismo. ¿Quién soy? Fuerte Talentoso Consciente dentro de los medios ¿Pero quién soy yo en este viaje? Este viaje ha sido una montaña rusa... ¿Una montaña rusa? no entiendes Te he amado te he odiado te he despreciado Sólo para darme cuenta de que eres el indicado para mí. Este viaje en el que estoy... Ha estado lleno de tentación ¡De sexo, amor y más! Pero a través de mi viaje de todo he pasado la prueba Entonces, ¿qué es esta búsqueda? Mi viaje final es respetar a DIOS primero. Mi cuerpo, mente y alma y hacer al hombre Respetame Un viaje es toda una vida de trabajo. Si es una buena mujer O un amigo que escuche Un verdadero viaje es una historia sin fin. Así que para finalizar este viaje, digo esto Mi viaje es un largo camino Y la búsqueda casi está terminada. Tan pronto puedo decir Feliz de que estés en casa Y este viaje valió la espera.

Comunicación

Los pensamientos que pasan por mi cabeza ¿Son palabras inexplicables tratando de captar una voz? Suena, unidos Luchando para que alguien entienda ¡Pero espera! ¿Quién puede tenerlos? ¡Nadie! Palabras revueltas pero sin sonidos de palabras. Nadie puede oír lo que no hablas Fuera de tu boca ¡La comunicación es la clave! Mantenemos palabras dentro Esperando que alguien entienda Nuestros pensamientos silenciosos Pero nadie lo hace Alcanzando la comprensión con palabras no dichas Pensar que alguien puede leer tu mente ¡Pero no pueden! Habla y abre la boca. Y deja que los sonidos rugan como un trueno ¡La comunicación es la clave! El silencio es oro Con palabras no dichas Pensamientos en mi cabeza Mientras estoy acostado en la cama Deseando que mi comunicación tuviera su propia forma del habla Silencio, pureza y conocimiento justo de ningún sonido. Entonces, si hablo con mi mente, entenderás. Y si respondes sin palabras, lo entenderé. ¿Por qué? ¡Porque la comunicación es la clave!

Hogar

El hogar es donde está el corazón Donde la seguridad y la protección Vidas El hogar es recostar tu cabeza En la penumbra de la noche Y la inseguridad está fuera de la vista. el hogar es amor el hogar es amable El hogar es paciente El hogar es mi tranquilidad. El hogar no es un lugar o una cosa El hogar es familia. Dentro del espacio de Dios Fuera de la vista, fuera de la mente El hogar es el hogar. Porque puedo llamarlo mío.

Dos de lo mismo

somos dos iguales Una mente, un sonido Un tamborileo Como sonidos de los latidos de mi corazón Fuerte pero suave Puro pero roto Tratando de reparar las piezas. El amor viene en todas las formas. Redondo porque viene en círculos Cuadrado porque tienes que recordar cómo empezaste Rectángulo porque cuando se dobla queda parejo. Triángulo porque la cima es Dios; el punto izquierdo es el rey El punto correcto es la reina. Somos dos iguales tratando de confiar Pero no sé cómo los sentimientos se disparan aún tratando de sobrevivir ¿No estoy seguro de por qué o si me he caído y es un regalo? ¿O debería cerrar porque esto es una maldición? Sólo vete ahora Antes de que alguien salga lastimado Y solo di adios Porque el amor duele. somos dos iguales Tú eres mi rey y yo soy tu reina. ¡Vamos a luchar por nosotros! Y aprende a comunicarte. Los fuertes sobreviven Y nuestra fuerza está junta Entonces, rezo antes de acostarme. Que unidos estamos Y a través de Dios puede Nunca caemos.

Lo siento

Lamento el dolor que causé. Lamento haber abandonado nuestras conversaciones sin causa probable. Hemos pasado por mucho durante este año. Estoy bastante seguro de que el pasado de ambos seguramente hará llorar. Pero sin duda, ambos miramos hacia el futuro y olvidar el pasado. ¡Estoy tan feliz de que este año finalmente haya terminado! Eras mi amor platónico, mi orgullo y alegría. ¡Feliz año nuevo, amor! ¡Disfrutar!

Amar

El amor no se mide por los rasgos físicos de una persona ofertas sino por la belleza y la pasión que puedes ver dentro a ellos cuando nadie más lo hace.

Yo sueño

Sueño con un mundo lleno de paz y prosperidad. Sueño con un mundo lleno de suficientes riquezas para cuidar de la sin hogar y pobre Sueño con un mundo construido para ti y para mí Un reino solo para nosotros Un mundo que esta nación nunca ha visto Deja que nuestro amor florezca y mantenga unido nuestro palacio. Porque este sueño es sólo un sueño Hasta encontrarte para poder hacerlo realidad.

Criatura de las flores

Del cielo a la tierra De la luna y de regreso Sueño que besas mi cuello Mi misterioso niño de las flores Tan amable y verdadero Tus ojos ven a través de mi alma Mis labios anhelan tocar los tuyos Pero sé para qué pecado prohibido es. Una diosa de tal rango Pero palma con palma Con razón demostraremos nuestro cariño en este mágico lugar.

Esperanza

¿Alguna vez has tenido esperanza? Hice Esperanza de riquezas esperanza de fama Espero algún día decir lo mismo. Que lo que esperaba se hizo realidad ¿Conoces la esperanza? Sí. Espero saber la diferencia Espero encontrarme Pero la verdadera esperanza es simplemente tener Fe en que todo saldrá bien Así que espero que algún día Vivo para ver todas las cosas que esperaba.

Amor sagrado

Mi corazón y mi mente te pertenecen Pero mi alma todavía grita que la dejen libre Cautivado en tu amor, no me separaré de ti No importa cuanto quiera ser liberado Porque te amo más que a mí mismo Entonces, amor mío, no debes temer mi despedida. Porque te amo demasiado para dejarte ir Y me quedaré contigo hasta siempre Morimos uno al lado del otro cerca del lugar donde nos encontramos así nuestro amor mutuo permanecerá, vivirá después de la muerte. Créeme, tengo tanto miedo como tú de dar este acto de fe. Y el hecho de que tengas mi corazón significa que eres capaz De destruirme.

Encrucijada sangrante

Una historia de dos amantes Una historia de corazones sangrantes Han pasado por pruebas, lucharon contra lo indescriptible. infierno Es difícil imponerse el amor verdadero Este libro fue creado para ti y para mí. Este libro fue creado para dar forma a nuestros destinos. Este libro es para aquellos que se encontraron en la sangrienta encrucijada.

Las rosas son rojas

Las rosas son rojas, los cadáveres son azules, tan seguro como que un gato tiene nueve. vidas. Me gustaría pensar que tienes dos Tus labios me negaron y tu corazón también Entonces me gustaría tomar este cuchillo y condenarte al infierno. Como los ángeles son buenos, los demonios son malos, me gustaría pensar que Los demonios fueron enviados aquí para hacerme feliz. Podrías llamarme loco, podrías decir que estoy loco, pero Presta atención cuando digo que no uses esas palabras en vano. Tan seguro como que la sangre es roja y los cadáveres azules, digamos que Probé mi teoría y que tengas dos vidas no es cierto.

Amor toxico

Obviamente no te importa cómo me siento o cómo considero el hecho que mi amor por ti es verdaderamente puro Y entiendo cómo la persona puede cegarte Justo frente a ti, pero también estoy en tu vista. Alguien a quien realmente le importe Alguien que realmente te quiere para ti De alguna manera me pasaste en tu vista y elegiste el otro. sabiendo que todo lo que hacen es lastimarte Supongo que en el fondo nos gusta lo tóxico.

Sensación de amor

Una ardiente sensación de amor y odio entrelazados en uno. Preparando relaciones sexuales exóticas llenas de pasión y rabia. El fuego que tienes dentro me llama Llama a la tentación de la lujuria. Pero la agitación nos encuentra mientras la rabia y el dolor se agitan. Se calienta con el sudor que gotea de nuestros cuerpos. El agua apaga el fuego y crea vapor. El vapor genera una nube de juicio, y con esto juicio, llego a saber que cuando este fuego comienza a arder se enfría, Lamento decir que tendré que irme.

Sobrenatural

Mi visión se va Es difícil respirar, mi futuro lo vi una vez No puedo prever una maldición que tengo ahora Hace que mi poder falle No le diría la fortuna y ese es un precio triste que pagaré ahora. pagar Desearía poder regresar, rebobinar hasta ese día Mi vista, mi visión es lo que me mantuvo vivo todos estos años. pero sé que estoy maldito mi vida esta empezando a dar Como estas son mis últimas palabras, Os dejo con esto; lo que es correcto es correcto lo que está mal está mal Pero hay excepciones a lo sobrenatural, y eso es donde me equivoqué.

No es una carta de amor

Cuando la persona que amas puede decirte que deberías haberlo hecho cogiste ese vuelo de regreso a casa, ahí es cuando sabes el El nivel de amor que tienen por ti no se compara con el amor. tienes para ellos. Él te menosprecia, te hace sentir que no vales la pena sabiendo, miente constantemente y dice que no esconde nada, pero Ni siquiera puedes revisar su teléfono. Te tengo mintiendo sobre quién eres para él, para sus amigos y familia, luego te avisa cuando empiezas a quejarte y expresa tus emociones que todo está en tu cabeza, simplemente estás inseguro. Por un lado, conoce tu valor y no importa cuánto lo amas, no lo amas, ni lo harás, ni tendrás que aguantar nunca con esta mierda. Recuerde que la comunicación es clave y Intentaste hablar con él pero es terco y la mayoría Definitivamente establecido a su manera. Jae, no tienes que lidiar con ese si no va a trabajar en sí mismo de buena gana; necesitas Llega a la conclusión de que no puedes obligarlo. No olvides que esta es la misma persona que te dijo que su amigos estuvieron aquí antes que yo, falsos o no, y yo también podría Bueno, simplemente llámame reemplazable. Un poco de amor, realmente dejaste que este negro te hiciera dormir en el sofá porque te dijo que estaba harto de dormir al lado tú aún después de un tiempo decidiste dejarlo y suplicarle y te suplicó que te quedaras, aprovechando tus emociones por él. Te duele el corazón por toda la lucha, tus emociones importan, tu importas. Aún no tienes sobrepeso, eso es algo que dice. No deberías tener que teñir tu personalidad para complacer a él, ¡Conoce tu valor, libérate!

soy digno

Le pedí a dios que me mostrara si era digno Esperaba y rezaba para que alguien me escuchara. Perdí el rumbo, absorbido por la tentación. Caminando por los bordes de un camino curvo Confundido y aturdido Miedo de ser herido y asustado de mi destino. le pedí a dios que me limpiara Lávame como si fuera un plato sucio Limpia la sangre de mis manos Y dame una nueva pizarra le pedí a dios que me abrazara Y alimenta mi alma Porque mi alma se siente vacía y donde está mi corazón. hay un agujero le pedí a dios que me perdonara Como lo he hecho tantas veces antes Le pedí disculpas por la vida que me dio que he venido a arruinar arriba más de una vez Le pedí a dios que abriera mis ojos Déjame ver las cosas como realmente son. Sólo guíame y ayúdame a ver Porque no sé si soy digno.

Tierra

No importa cuánto dolor sufra la Tierra, ella siempre está llena de vida.

¡Señor ayudame!

Señor ayudame. Estoy empezando a ceder Sana mi mente, cuerpo y alma. Libérame del pecado constante Estoy luchando ahora mismo, sólo tengo la energía para dejarte en Así que inclino la cabeza y rezo Ayúdame a superar este dolor y límpiame. En el nombre del Padre, del Hijo y del Espíritu Santo Rezo. Amén.

Atrapado

Atrapado y confinado por mi propia mente, constantemente queriendo resetear el tiempo, buscando una salida, una manera de ser libre por el don otorgado en mí. Miedo de que algún día me desvanezca y sea enterrado por los estragos del tiempo.

El amor ha muerto

El amor ha muerto Y no importa cuantas veces Lo he intentado, simplemente no se puede revivir. Tantas mentiras y palabras simples El amor ha muerto en una relación entre tú y yo. Lo he intentado pero compromisos unilaterales Simplemente no estaba bien Mi dolor, mis penas ignoradas, mi corazón tras las huellas de una puerta abierta Dentro de nuestra casa, no había amor. No se permiten emociones Sentir fue un error Sentir me causaría aún más dolor Sentir causaría una discusión y despojaría mi dulce sonrisa. y la alegría lejos el amor ha muerto Y no importa cuánto rezo y espero y lo intento No debería tener que ocultar mi sonrisa, mi corazón. No debería tener miedo de lo que puedo y no puedo decir No debería tener que preocuparme si lo que como ahora, "¿lo haré?" ¿Vienes a ganar peso? El amor que tenía por ti me mantuvo ciego Y por mucho que quisiera que no fuera verdad El amor que hemos tenido simplemente no está bien El amor que hemos tenido simplemente ha muerto ¿Cómo es que soy el único que lo intentó? Encontraste todas las razones para pelear Y no olvidemos que cada vez que tenía algo que abordar, siempre fue un "apuesto" o un "supongo". ¿Serían suficientes? ¡Mierda! Nos quería y Dios sabe que lo he intentado. Simplemente no me trataste bien El amor que teniamos te lo mataron Y esta vez soy lo suficientemente hombre como para no disculparme... Harto de ser criticado Por ti, por amor, estaba ciego Pero a través de Dios recuerdo constantemente lo que es verdad el amor es como... No más lágrimas desperdiciadas No más suposiciones ni estar en constante miedo Soy libre y finalmente amado como debería ser Escuché que debería ser atendido El amor que teníamos ha muerto pero a través de todo Redescubrí el amor en Dios y mi propia paz de mente.

Mejor pie adelante

Soy poeta, eso es lo que hago, pero no hay suficientes palabras. ven a explicarte cuánto siento haberte lastimado, la confianza es la clave para todo y el hecho de que seguí descamando no ha sido en absoluto Todo contribuyó a mi visión de nosotros usando esos anillos. A veces puedo ser un poco cursi. Demonios, incluso puedo tropezar con mis propios pies, pero el hecho Sé que llegarás a amarme porque siempre lo mantendrás. Yo intentándolo. Te veo como mi futuro y rezo un día vendrás a verme como tuyo. Por lo que hice ayer, Lo siento mucho, pero mañana todo quedará olvidado, ya que estar de rodillas ante el altar. Estoy constantemente huyendo de todo lo que sé, tratando de Desaparecer, tratando desesperadamente de no ser visto todavía en la parte de atrás. En mi mente sigo preguntando: "¿Por qué nadie se detiene?" ¿a mí?" Acepté a extraños solo para expulsar a mi familia, Sentirse constantemente inseguro y abrumado por años de dolor. Luego encontré el amor, pero no estoy muy seguro de si solo estoy caminando Yo mismo, moviéndome con miedo. Definitivamente ya no soy la persona que solía ser. He dejado trágicamente esta enfermedad, mi depresión, agarrame.

Viejo yo

Oro por guía, fuerza y claridad. El cumpleaños es en 17 días y desde el día que cumplí 18, han pasado de vivir una vida protegida a vivir y aprendiendo a través de experiencias de la vida real y como Dios como mi testigo, el conocimiento que Él me ha otorgado a través de las pocas pruebas por las que he pasado, he llegado a entender y comprender la verdadera definición de compasión y perdón; la diferencia entre escuchar y comprender. Lo más importante es que he Aprendí que una vez que llegas a ver la vida a través de los ojos de Dios, toda tu imagen, la persona que pensabas que eras, la viejo tú, puede parecer totalmente un recuerdo lejano, un personaje ficticio por así decirlo. Es verdad lo que dicen, tu vive y aprende.

A Jaelyn D. A Jordan le gusta considerarse una persona creativa, individuo carismático que encuentra consuelo en sus propios escritos y espera que otros también lo hagan, ya que expresa amor, lujuria y pérdida a través de su trabajo. Comenzó a escribir poesía a la edad de dieciséis y nunca podría haber adivinado entonces que esto era algo que quería hacer en su carrera. Después de dos fracasos intentos de autopublicación con dos empresas individuales, el autor fundó y puso en marcha su propia editorial "DJ's Legacy Publishing House". Él reza para que esta vez sea sé diferente; que este es su momento, su bendición, y espera que su obra, su poesía, tocará y ayudará a los lectores tal como lo ha llevado lejos en la vida como Jaelyn D. Jordan es ahora un reconocido autor de salud mental que se ha unido a varios nuevos estudios.

www.ingramcontent.com/pod-product-compliance
Lightning Source LLC
Chambersburg PA
CBHW061633130726
47996CB00003B/1256